LE
JARDIN DES RÊVES

LAURENT TAILHADE

LE
JARDIN DES RÊVES

POÉSIES

Préface de Théodore de Banville

PARIS

ALPHONSE LEMERRE, ÉDITEUR

27-31, PASSAGE CHOISEUL, 27-31

M DCCC LXXX

A MON MAITRE ET MON AMI

ARMAND SILVESTRE

Ces vers sont dédiés

L. T.

LE JARDIN DES RÊVES

PRÉFACE

Voici, lecteur, un des plus beaux et des plus curieux livres de poëmes qui aient été écrits depuis longtemps, un livre qui s'impose à ton attention, car il est bien de ce temps, de cette heure même, et il contient au plus haut degré les qualités essentielles à la jeune génération artiste et poëte, c'est-à-dire à la fois la délicatesse la plus raffinée et la plus excessive, et le paroxysme, l'intensité, la prodigieuse splendeur de la couleur éblouie. Oui, nos âmes se sont spiritualisées, subtilisées, ne se contenteraient plus des lieux com-

muns de rhétorique acceptés jadis par les plus beaux génies, et veulent que le mot magicien exprime l'âme elle-même, et en même temps nos yeux, avides de clarté, n'acceptent pas non plus les conventions qui atténuaient la lumière, et exigent que l'artiste lutte réellement avec les fulgurations et les incandescences des ciels, avec les bleuissements des flots, avec les caressantes et violentes colorations des fleurs, avec les froideurs et les feux orgueilleux des métaux et des pierreries. Ce n'est plus un duel courtois, c'est un combat sérieux qu'il doit soutenir contre l'Isis éternelle ; il ne veut plus seulement soulever ses voiles, il veut les déchirer, les anéantir à jamais et, privé de ses Dieux évanouis, posséder du moins l'immuable Nature, car il sent que ces Dieux renaîtront d'elle et de nouveau peupleront les solitudes du vaste azur et les jardins mystérieux où fleurissent les étoiles.

Ce livre, précisément parce qu'il a été écrit par un très jeune homme, mais essentiellement né poète, a pu exprimer toute l'exaltation, toute l'ivresse, toute la douleur dont souffre la nouvelle génération des poètes. Aux époques semblables à celle-ci, où meurent les Idéals, les autres hommes se consolent avec le matérialisme, avec l'indifférence, avec l'oubli, avec la science et l'âpre recherche ; le poète, non.

Préface

Si plus que personne il entrevoit l'avenir et les cieux futurs, il ne peut cependant rompre avec le passé et se séparer de ceux qui lui ont livré la lampe ardente; il ne peut non plus se passer d'idéal, et il est condamné à en chercher un.

Il le cherche alors dans l'amour humain, exaspéré, grandi, devenu religion et culte, dans l'adoration de la Femme, divinisée par son infaillible instinct qui le guide avec certitude; et, en effet, c'est de cette adoration que renaitront les vierges, les libératrices, les guerrières au front d'or dont l'humanité a toujours cherché les regards dans les éblouissements de l'azur céleste. Cette adoration de la Femme est tout à fait particulière aux dernières heures de ce siècle; en d'autres âges elle existe à l'état de fiction, de thème poétique, de cadre littéraire; aujourd'hui le poète l'a dans son cerveau, dans sa chair, dans chaque goutte du sang de ses veines, avec tout ce qui souffre et pense, et c'est pourquoi il représente exactement et fidèlement une race d'exilés, en quête d'une foi et d'une patrie.

C'est cette génération tout entière, ô lecteur, qui chante, qui pleure, qui adore délicieusement dans les poëmes d'amour enflammés et frémissants, par lesquels s'ouvre le volume que tu vas lire. Ce n'est pas le poète qui égoïstement parle en son nom; cette fois comme toujours, il n'est qu'un écho, une résonnance, une voix en laquelle se résument tous les chants, tous les murmures et tous les sanglots, et par là il est mille fois plus lui-même que s'il s'était raconté personnellement; car il n'est homme qu'à la condition de contenir en lui toute l'humanité. Oui, c'est une génération entière qui par sa voix se plaint et admire, et glorieusement chante la Femme qui fut esclave, compagne, reine, victorieuse, triomphatrice, mais que nos derniers tourments subis ont seuls vraiment faite idéale et divine. Cette apothéose de la beauté féminine a certainement trouvé son expression, non pas définitive (heureusement il n'y a rien de définitif) mais la plus poignante et la plus absolue, dans le poëme intitulé Psaume d'Amour. Pour la madone que le poëte célèbre avec une effusion de délire et de joie, ce n'est pas trop de la prière, de l'agenouillement, des fumants encensoirs, de l'orgue déchainant sous les voix ses harmonieux tonnerres, et des robes semées de lys, et des diadèmes de pierreries et de rayons, et des chemins de lumière et d'aurore. Et dans ce frisson extatique voyez non pas une impiété, mais au contraire l'obstination, le désespoir de la piété qui se réveille, ne veut pas mourir, et pour ressaisir sa divine proie, étend fiévreusement ses bras éperdus.

Préface

Jamais la modernité, à ce qu'il me semble, ne fut plus évidente et plus sincère que dans le livre de M. Laurent Tailhade : mais notre modernité à nous autres poëtes de race latine, est toujours nécessairement pleine du grand passé que nous portons vivant dans notre être, dans chacune de nos veines. Ainsi dans ce livre tout actuel et de la dernière heure, l'harmonie, la grâce du paysage, le charme virgilien, loin de nuire à l'originalité y ajoutent au contraire, et de même quand le poète aborde les sujets antiques, c'est avec un sentiment tout moderne. J'entends par là ce respect, cette vénération, cette compréhension intime des Dieux anciens qui fournissent dans l'art, comme dans l'érudition, une note vraiment nouvelle. Tous les siècles les avaient diminués, humanisés, transformés à leur guise, croyant, bien à tort, qu'on peut se faire un jeu de ce qui fut sacré dans la conscience humaine; mais nous avons eu horreur de ces mensonges; et ce sera notre éternelle gloire d'avoir retrouvé dans sa pureté la fille des Titans, la vierge Aphrodite, et d'avoir vengé les Olympiens des sottises et des turlupinades accumulées sur leurs fronts célestes par les imbéciles et les sceptiques de tous les temps. En ces poëmes où la déesse au front d'or fait frémir dans la nature la joie de naître et de devenir, où le Bassaréen arrête les ca-

vales échevelées, où la pâle lune caresse le front glacé du Sommeil, où les femmes en pleurs baisent les sanglantes blessures du chasseur Adonis, renaît l'Hellade aux clairs horizons, aux temples rhythmés comme des strophes, aux montagnes roses et violettes, aux clairs ruisseaux d'argent murmurant sous les lauriers-roses.

J'ai dit que M. Laurent Tailhade mérite le nom de poète. Oserai-je après cela le féliciter de ce qu'il est un bon ouvrier et un artiste délicat? La chose pourtant mérite d'être dite, quoi qu'en cela il ne fasse que son strict devoir, car après les maîtres dont s'honore la poésie française, la perfection s'impose à quiconque veut se croire digne d'exister après eux. Mais faire son devoir est quelque chose, et il n'y a rien de moins facile. Tu verras, lecteur, en feuilletant et relisant ces pages, que peindre un coin de paysage ensoleillé, une étoffe avec ses chatoiements, ou les roses de juin, ou les caprices d'une aquarelle japonaise, ce sont des jeux pour son regard rapide et pour la dextérité de sa main agile, et que ciseler un bibelot ou une fantaisie d'étagère ne l'étonne pas plus que de faire voler dans les éthers les aiglons éperdus et fous qui vont se brûler aux flammes des soleils. Ce poète commence avec toi un long bail, pendant lequel il

charmera tes peines et tes ennuis, et sans cesse t'amènera
en la tenant par la main, la charmante nymphe Illusion,
laissant voler sa folle chevelure et agitant ses bijoux sonores.
Aime-le comme il faut aimer ceux qui nous ravissent et
nous consolent. Pour moi, je m'estime heureux d'avoir pu
saluer le premier sa belle chanson lyrique, et d'avoir vu
ses prunelles s'emplir d'espérance et de rêves, et ses bras
ployer sous une héroïque moisson de fleurs.

THÉODORE DE BANVILLE.

PRÉFACE

Bien que je sois brisé comme sont les frégates
Qu'emporte l'Océan sur les récifs houleux,
J'ai gardé le trésor de mes beaux rêves bleus
Dans des coffrets ornés de perles et d'agates.

Je remonte parfois le fleuve nébuleux
De l'enfance, bordé de flores délicates,
Et je revois passer les robes écarlates
Des anges disparus dans les ciels fabuleux.

Les jardins sont remplis de valseuses pâmées,
Les roses dans le vin se meurent, parfumées,
Les baisers ont une aile et passent en riant;

A travers les bosquets montent des sons de lyre,
Tandis que sur la fête éprise de délire,
L'étoile poésie éclôt à l'Orient.

RIMES AMOUREUSES

SONNET DE JUIN.

SONNET DE JUIN

uand vous passez par les chemins,
Blonde et frôlant les fleurs vermeilles,
Vos lèvres tentent les abeilles,
Vos bras font pâlir les jasmins.

Des rayons d'or tombant des treilles
Galamment vous baisent les mains;
Les roses aux sanglants carmins
Chantent vos blancheurs nonpareilles.

Ainsi vers vous, ô ma beauté !
Monte dans le bois enchanté
Un encens qui soûle les brises,

Et le printemps enamouré,
Laçant son brodequin doré,
S'en va vous cueillir des cerises.

AQUARELLE

AQUARELLE

Un beau soir, par un clair de lune romantique,
Ainsi que les rêvaient les amants d'autrefois,
Il vous plut (vous étiez d'humeur fort poétique)
De canoter à deux dans un étang sous bois.

Vous prîtes dans vos mains une rame rustique,
Mais elle était très-lourde et vous blessait les doigts.
La barque dériva dans l'ombre sympathique...
On entendait au loin des chants de villageois.

Un rayon qui tombait des ramures profondes,
Mettait des taches d'or parmi vos pâleurs blondes,
Et sur vos bras très-purs que vous abandonniez,

Les fleurs des eaux trainaient comme des chevelures
Dans le sillage clair où les grands marronniers
Miraient leurs frondaisons aux fines ciselures.

SONNET

SONNET

Mes désirs vont vers toi comme des tourterelles,
Vers toi pleine de grâce et pleine de bonté,
Et le lierre n'est pas plus fidèle aux tourelles
Que mon fervent amour aux fleurs de ta beauté.

Mais, ravivant l'ardeur des antiques querelles,
Des souvenirs amers comme un chœur irrité
Mêlent confusément leurs plaintes immortelles,
Et s'éveillent au fond de ma sérénité.

Sonnet

Déjà sur mes cheveux les neiges automnales
Ont posé la pâleur des suprêmes adieux;
Les anges ont rouvert leurs ailes sidérales...

Laisse-moi m'enivrer de baisers radieux,
Et, longuement bercé par tes mains virginales,
Oublier les soleils endormis dans mes yeux.

'PER SŒCULA

PER SŒCULA

Maîtresse, la blancheur des cygnes te décore :
Mais un soleil fervent a rougi tes cheveux,
Et dans leurs anneaux lourds baisant tes bras nerveux,
Des rayons d'or fondu semblent frémir encore.

J'ai versé devant toi le doux vin des aveux ;
Comme un sculpteur épris du rêve près d'éclore,
J'ai fait à ta beauté, dans un rythme sonore,
Un temple d'où vers toi s'exhaleront les vœux.

Afin que, retrouvant les mètres impassibles,
Les siècles éperdus au fond des vagues bibles
Sentent frémir encor l'odeur de nos baisers,

Et que ton nom se mêle au nom de ces amantes
Qui, parmi les grand lis et les roses clémentes,
Dorment sous un linceul d'amours éternisés.

SONNET

SONNET

Ainsi, renouvelant sous le duvet des cygnes
Des trésors de beauté qu'eût adorés Scyllis,
Vous faites refleurir en vos formes insignes
L'orgueilleuse splendeur des marbres et des lis.

Ceux-là qui blasphémaient les rythmes et les lignes,
Se tournent vers l'autel des cultes abolis,
Et vers les bienheureux qui, sous l'ombre des vignes,
Dorment paisiblement dans de hautains oublis.

Et les poètes saints que la lyre caresse
Vous chantent, ô trésor de grâce, charmeresse !
Car, malgré nos hideurs et nos férocités,

Malgré qu'un peuple vil et fou les déshonore,
Dans l'âme des chanteurs et dans l'azur sonore,
Les dieux ne sont pas morts ; vous les ressuscitez.

MARMOREUM CARMEN.

MARMOREUM CARMEN

Tous les tons les plus doux du blanc, depuis l'opale
Qui se veine d'azur comme un sein plein de lait,
Jusqu'à l'ivoire vert, jusqu'au jaune très-pâle
Des nénuphars mourant sur l'étang violet;

Tous les tons les plus doux du blanc, sur tes épaules,
S'abattent comme un vol d'amoureux goëlands;
La chasteté des lis et la douleur des saules
Ruissellent de ton ventre au bord de tes pieds blancs.

Ainsi tu vas chantant la chanson innomée
Des neiges, du Paros givré de diamants,
Et le sobre contour de ta poitrine aimée
Est un temple peuplé de blancs enchantements.

Seul, tel qu'un chaud soleil baignant une statue,
L'ambre de tes cheveux s'épanche sur tes chairs,
Et de fauves rayons fleurit ta grâce nue
De baigneuse accroupie au bord des fleuves clairs.

Et cette âpre toison où le désir s'égare,
Brûle sur ta beauté comme un rouge flambeau,
Ou comme l'or vermeil dont un sculpteur barbare
Colore un marbre grec pour le faire plus beau.

BONSOIR LILI!

BONSOIR LILI!

CHANSON

Vos longs cils aux sombres franges,
Vos beaux cils mystérieux,
Font encore plus étranges
Les rayons verts de vos yeux.
Dans vos cheveux étincellent
De fauves paillettes d'or,
Et sur vos lèvres ruissellent
Les rires au fol essor.

Mais vous êtes si légère
Qu'à vous suivre j'ai pâli.
Je suis fatigué, ma chère :
  Bonsoir Lili !

Un beau soir, tout pleins d'ivresse,
Nous fîmes un grand serment :
Vous deviez à ma jeunesse
Donner votre bras charmant,
Et, dans nos baisers, où l'âme
Montait en soupirs heureux,
S'éleva l'épithalame
Éternel des amoureux.

Mais vous êtes si légère
Qu'à vous suivre j'ai pâli.
Je suis fatigué, ma chère :
    Bonsoir Lili !

Depuis lors, pour vous rejoindre,
Tous mes soins sont superflus.
De vos regards, pas le moindre,
De vos sourires, non plus.
On reprend les hirondelles,
Mais vous, je le dis tout bas,
Vous fuyez plus vite qu'elles
Et l'on ne vous reprend pas.

Oui, vous êtes si légère
Qu'à vous suivre j'ai pâli.
Je suis fatigué, ma chère :
    Bonsoir, Lili !

Adieu donc. Soyez, petite,
Heureuse dans vos amours.
Mais ne partez plus si vite :
L'on vous aimerait toujours.
Pour moi, comme un invalide,
Je vais, en songeant à vous,
Dans une cassette vide,
Enfermer vos billets doux.

Car vous êtes si légère
Qu'à vous suivre j'ai pâli.
Je suis fatigué, ma chère :
    Bonsoir, Lili !

ÉPIGRAMMES

ÉPIGRAMMES

I

Je te donne ces fleurs, où j'ai mis un baiser
Aussi profond que mon amour, pour les poser
Entre tes seins de fraise ainsi que dans un vase,
Afin que, cette nuit, à l'heure de l'extase,
Quand, sur les longs divans qui moulent ton beau corps
Tes voiles tomberont comme de vains décors,
Je sente se mêler en des apothéoses
Le parfum de ta chair et le parfum des roses.

II

Puisque pour enchanter tes savantes paresses
Tu livres ton beau corps à mes longues caresses
Et que, sur les coussins embaumés et soyeux
S'étalent les splendeurs de ton flanc glorieux,
Laisse, reine d'amour, sur tes blancheurs de cygne
Ramper de lourds baisers qui, pareils à la vigne,
Te couvriront si bien d'âpres enlacements,
Que tu verras tes bras avec tes seins charmants
Se convulser sous les étreintes savoureuses
Et frissonner longtemps nos lèvres amoureuses.

RONDEAU GALANT

RONDEAU GALANT

Des doux péchés âpre est la meurtrissure,
Me disiez-vous, alors que fuit Amour
Et que, saignant sous sa chère morsure,
Les cœurs flétris sanglottent sans retour
Sous l'ongle amer de l'immortel vautour.

Moi, cependant, baisant votre chaussure
Où vos pieds blancs mettent leur fin contour,
Je savourais la caresse future
      Des doux péchés.

Rondeau galant

Que ta beauté, mignonne, se rassure :
Ferme tes yeux qu'offenserait le jour ;
Toujours nouveau, jeune et sans flétrissure,
L'amour premier fleurira ton séjour
      De doux péchés.

INTEMERATA

INTEMERATA

Blonde autant que le miel des abeilles d'Hymète,
Enfant, tu resplendis dans ton éclat premier.
Ta joue a la douceur de la fleur du pommier
Avec un frais rayon de rose à la pommette.

L'amour n'a pas fleuri sur ta virginité ;
Ta lèvre ne sait pas le baiser, et ton âme
Garde le doux trésor de tes secrets de femme
Comme ton corset blanc celui de ta beauté.

Et tu marches pareille aux saintes ingénues
Qui, dans les vieux tableaux des maîtres florentins,
Tournent vers le ciel d'or les regards enfantins
De leurs yeux étoilés de gemmes inconnues.

PSAUME D'AMOUR

PSAUME D'AMOUR

A François Coppée.

J'ai rêvé de t'aimer ainsi qu'une madone
Qui, très-pure, aux baisers mystiques s'abandonne,
Lorsque, songeant aux lis merveilleux de Sarons
Les novices en pleurs sentent pâlir leurs fronts
Et leurs genoux fléchir sur les dalles de pierre.
Les encensoirs mourants jettent dans la lumière
Une profonde odeur de prière et d'espoir.
Le maître-autel rayonne et le grand ostensoir,

Au milieu des flambeaux, des fleurs et des cantiques,
Sur les diacres chapés d'épaisses dalmatiques,
Sur le prêtre éperdu dans sa chasuble d'or,
Semble un soleil couchant qui sous les flots s'endort.
L'orgue, rouvrant le vol des vieux antiphonaires,
Mêle aux voix des enfants de chœur ses fiers tonnerres
Et sur quelque air d'Hobrecht ou de Palestrina,
Chante dévotement le *Salve regina.*

J'ai rêvé de t'aimer à genoux, les mains jointes,
De bien loin, sans vouloir même effleurer les pointes
De tes souliers posés sur le croissant doré,
Heureux si, quelquefois, quand je t'invoquerai,
Te saluant de noms d'amour en litanies,
Tu détournes vers moi tes paupières bénies!
La nuit, de ton autel j'userai le pavé,
Et mes lèvres en feu, sans compter les avé,
Rediront, malgré l'ombre et la voix des horloges,
Les versets que pour toi gardent les eucologes,
Les hymnes où ton nom ardemment exalté
Resplendit dans sa grâce et dans sa pureté.

Je vivrai sous tes yeux tel qu'un moine fidèle
Oublié de la foule et m'enivrant loin d'elle

Des clartés de ta robe et des lis de ton sein.
Puis, pour que tu sois belle et que nul autre saint
Ne reluise d'autant de splendeur et de gloire,
J'ordonnerai les plis de ton manteau de moire,
Jusqu'au jour où, prenant pitié, tu daigneras
Sourire doucement et me tendre les bras,
Où, dans la nef sonore aux senteurs vagabondes,
Tu pencheras vers moi tes lourdes tresses blondes,
Ton front nimbé d'azur comme un matin d'été,
Pâle et portant le pain de ta virginité
Dans le ciboire d'or de ton charme suprême.
Le nard nous donnera ses effluves. Le chrême
Se pâmera d'amour dans les boites d'argent,
Et quand l'aube luira sur le vitrail changeant,
Semant les sombres murs de fleurs incendiées,
Par les portes du ciel, blanches, irradiées,
A travers les frissons du soleil matinal
S'ouvrira lentement ton essor virginal,
Et tu fuiras pareille à ces saintes discrètes
Qui visitaient jadis les bons anachorètes.

MÉTEMPSYCHOSE

METEMPSYCHOSE

Vous souvient-il encor des jours de l'Arcadie,
Lorsque nous nous aimions sous les grands lauriers verts ?
Des pampres rougissaient votre gorge hardie
Et, la main dans la main, nous récitions des vers.
Vous souvient-il encor des jours de l'Arcadie ?

Le chiton aux plis droits moulait votre beauté.
Les rythmes ioniens sur vos lèvres fleuries
Voltigeaient et, le soir, les ramiers d'Astarté
Groupaient autour de vous leurs blanches théories.
Le chiton aux plis droits moulait votre beauté.

Le mystère des mers dormait dans vos prunelles.
Telle une perle éclose au fond des gouffres bleus.
Et le ciel rayonnait de clartés éternelles,
Et vous étiez déesse aux âges fabuleux.
Le mystère des mers dormait dans vos prunelles.

Car vous êtes la sœur des lointaines Saphos,
Prêtresse inviolée aux paroles sonores.
Kronos a pu coucher les herbes sous sa faulx
Et les tombes verdir et mourir les aurores,
En vous chante l'orgueil des lointaines Saphos.

En vous brûle un rayon de cette aube première
Où les lèvres en fleurs s'inébriaient d'amour,
Où l'azur virginal dans sa blonde lumière
Baignait des marbres saints l'harmonieux contour.
Vous souvient-il encore de cette aube première ?

Vous souvient-il encor que vous m'avez aimé,
Près des fleuves sacrés, parmi les lauriers-roses,
A l'heure où, rayonnant dans l'éther embrumé,
Hesper, le doux soleil, épand ses flammes roses ?
Vous souvient-il encor que vous m'avez aimé ?

Et quand à vos genoux j'implore une caresse,
Me serez-vous plus douce à songer qu'autrefois,
Sous le tiède soleil des plaines de la Grèce,
Nos baisers ont fleuri dans l'ombre des grands bois ?
Hélas ! de vous en vain j'implore une caresse !

PANTOUM

PANTOUM

Comme le cerf soupire après l'eau des fontaines,
Ainsi mon cœur soupire après votre beauté,
Et dans la vieille bible où vous avez chanté
J'entends pleurer l'écho des tendresses lointaines.

Ainsi mon cœur soupire après votre beauté.
Vous les rappelez-vous, les rougeurs incertaines,
Les longs baisers témoins des tendresses lointaines ;
Mais où sont maintenant les fleurs de l'autre été ?

Vous les rappelez-vous, les rougeurs incertaines,
Les courses, les langueurs pleines de volupté?
Mais où sont maintenant les fleurs de l'autre été,
Les valses qui rythmaient le pas des prétentaines.

Les rires, les langueurs pleines de volupté
Ont fait place, Madame, à des grâces hautaines;
Et les valses rythmant le pas des prétentaines,
Dorment sur le clavier pour toujours déserté.

SÉRÉNADE DE NOEL

SÉRÉNADE DE NOEL

Les anges blancs comme des cygnes,
Dans la nuit rose de Noël
Ont couvert de baisers insignes
Votre berceau venu du ciel.

Et c'est leur divine caresse
Qui fait en pleine liberté
S'épanouir votre jeunesse
Dans un pur rayon de beauté.

Vos cheveux blonds, ce sont les cierges
Brûlant aux messes de minuit,
Et vous avez les pâleurs vierges
De la neige pendant la nuit.

De la neige qui s'illumine
D'un reflet nacré de pudeur,
Et vous donne comme à l'hermine
Son inexorable froideur.

Pourtant l'amour qui vous invite
A vos genoux, matins et soirs,
Se prosterne tel qu'un lévite
Dans la vapeur des encensoirs.

Et l'ombre aux voix enchanteresses
Vous dit tout bas, ô ma beauté !
De cueillir l'heure des caresses
Dans la splendeur de notre été.

Sérénade de Noël

Avant que, brisant les pervenches,
L'hiver implacable et jaloux
Flétrisse sous ses ailes blanches
La fleur d'amour éclose en nous.

La Noël vient, le corbeau passe :
A la mer les espoirs déçus ;
Dans notre cœur jamais la glace
N'abritera d'enfant Jésus.

Ah ! ne me soyez pas rebelle !
La nature attend le réveil.
A vos pieds laissez-moi comme elle
Rêver d'aurore et de soleil !

Adieu ! que dans l'ombre clémente
Les séraphins, jusques au jour,
Pour vous bercer, ô ma charmante !
Vous chantent des noëls d'amour.

Bagnères, 24 décembre 1877.

VERS D'ALBUM

VERS D'ALBUM

à M. M. B. d'H.

J'ai retrouvé pour vous ces modes réguliers
Où les vers sont pareils aux perles des colliers
Et s'enchaînent, mêlant leur arome et leur flamme,
Dans des dessins vraiment dignes de vous, madame ;
Car vous n'estimez pas les vulgaires rythmeurs
Dont les chants sont remplis de haine et de rumeurs,
Vous qui faites renaître en vos beautés divines
La splendeur ionienne et les grâces latines.

C'est pourquoi vous m'avez permis de célébrer
Tous les enchantements qui vous font adorer,
D'enchaîner des rameaux de myrthe et de verveine
Pour ceindre vos cheveux et votre front de reine,
Et même d'essayer, chanteur enamouré,
Comme un rare tableau savamment éclairé
Qu'entourent le lotus et l'acanthe sauvage,
D'encadrer de sonnets votre suave image.

ROMANCE

ROMANCE

Tu reviendras poser ta main d'albâtre
Sur mon front pâle encor de ton amour.
Tu reviendras, mais à mon dernier jour,
Lorsque mon cœur aura cessé de battre.

Tout sera dit, et les parfums derniers
Me mouilleront les cheveux et la tempe.
Le doux reflet de la funèbre lampe
Caressera mes yeux extasiés!

Tu reviendras, toi qui me fus amère,
Lorsque j'avais la force et la beauté,
O toi par qui tout me fut emporté,
Sur mon cercueil gémir comme une mère.

Et sur la tombe où les lierres puissants,
Autour des croix, comme des mains pieuses,
Vont enlaçant leurs fleurs mystérieuses,
Tu pleureras des pleurs retentissants.

Tu pleureras et, sous la terre brune,
Mon âme alors, enfant, tressaillera;
De son long deuil elle s'éveillera
En te voyant si pâle au clair de lune.

Sur les grands lis aux parfums éperdus,
Et dans le vol sonore des phalènes,
Elle vivra, rayon, senteurs, haleines,
Pour te parler de nos bonheurs perdus.

A CELLE QUI EST FLÉTRIE

A CELLE QUI EST FLÉTRIE

Je sais bien que l'amour t'a mordue à la face,
Que ton corps fut meurtri par ce rude chasseur,
Et que ses durs travaux t'ont marquée, ô ma sœur!
D'une damnation qu'aucun pardon n'efface.

Je sais que, dans des lits ignobles, tu vendis
Aux rustres éblouis ta jeunesse adorée;
Que, de pudeur encore et de joie enivrée,
Tu tombas d'un seul bond dans les plus vils taudis.

Je sais que, depuis lors, ton âme est refermée ;
Que ton sein sculptural aux contours de camée
Cache un cœur de vieillard, impuissant et jaloux ;

Que tout ment, ton regard, ta voix et tes carresses ;
Qu'un reflet de l'enfer baigne tes noires tresses...
Mais tes baisers d'enfant me sont restés si doux !

AVE, STELLA!

AVE, STELLA!

Sirius, ce diamant bleu
Que la Nuit pique à son corsage,
Se lève sur le paysage
Comme une violette en feu.

Et, dans l'azur, loin des désastres,
Ouvrant ses yeux de fiancé,
Voit, sur un mode cadencé,
S'ébattre le troupeau des astres.

Tel, mon amour dans les splendeurs
De mes chansons et de mes rêves,
Où des soleils aux flammes brèves
Allument de folles ardeurs ;

●

Un grand rayon aux lueurs vives
Tombe, vibrant, de ta beauté
Et fait pâlir à sa clarté
Tout un chœur d'étoiles plaintives.

SONNET

SONNET

Telles, près des bassins à vasque de porphyre,
Découvrant de leurs seins les généreux contours,
Les amantes de bronze aux rythmiques atours
Éclairent l'univers d'un suave sourire ;

Telle, semant au vent vos cheveux qu'on admire,
Vous faites sous vos pas éclore les amours :
Dans votre noble chair, aux frissons du velours,
Naît la joie et l'orgueil divin en vous respire.

Sonnet

Sur votre épaule blonde étincellent les ors,
L'esprit se perd, madame, à compter les trésors
Qu'à chaque mouvement votre corset révèle.

Et le désir confus, cherchant où se poser,
Revêt tout votre corps d'un immense baiser,
O vous, la plus charmante autant que la plus belle !

SONNET

SONNET

Sois bénie et qu'un jour les anges de lumière
Célèbrent ton doux nom dans leurs concerts pieux,
Toi, par qui, recouvrant sa pureté première,
Mon cœur refleurira comme un jardin joyeux.

Sois bénie, ô ma sœur bien-aimée, et sois fière
Pour avoir deviné dans mon cœur soucieux
Tout ce que je gardais de force printanière
Et d'aspirations vers de plus chastes cieux.

Sonnet

Tu m'as tendu la main sur cette route amère
Où, voyageur lassé de monter la chimère,
Triste, je sommeillais en attendant le jour.

Tu m'as versé le vin joyeux de ton sourire
Et rendu dans leur joie entière et leur délire
Les caresses en fleur de mon premier amour.

LA PORTE DE L'ÉGLISE

LA PORTE DE L'ÉGLISE

La porte de l'église est pour toujours fermée,
Mignonne ; nos baisers ne s'y cacheront plus.
Comme des nids d'oiseaux furtifs sous la ramée,
De nos belles amours les derniers vers sont lus.

Tu ne me diras plus ces mots si doux que l'ombre
Faisait vibrer longtemps dans l'infini des soirs,
Et qui montaient unis à travers la nef sombre
Au mystique parfum tombé des encensoirs.

Je ne sentirai plus ta chevelure blonde
S'épancher sous mes doigts au bruit des saints concerts,
Et, quand je passerai dans leur ombre profonde,
Les vieux murs ténébreux demeureront déserts.

Je ne te verrai plus tremblante et radieuse,
A l'heure où le soleil meurt dans les cieux cuivrés,
Entrer avec la nuit dans l'enceinte pieuse
D'où nos cœurs vers le ciel s'envolaient enivrés.

Ce beau rêve entrevu dans nos saisons premières,
Qui s'exhala du nid par un matin d'avril,
Et qui n'a pu durer jusqu'aux roses trémières,
Ce beau rêve charmant, un jour renaîtra-t-il ?

Renaîtra-t-il un jour, mignonne, de sa cendre ?
Ne redira-t-il plus son lied mélodieux,
Et sur le noir coffret de bois de palissandre
Faut-il mettre le sceau des éternels adieux ?

La Porte de l'Eglise

Hélas! tel est le sort de toute amour humaine,
De s'éteindre bientôt dans son ciel incertain :
Le caprice d'un jour, qui loin de moi t'emmène,
N'est rien moins qu'un arrêt sans appel du destin.

Oui, la joie ici-bas ne fait pas sa demeure,
Tu le sais ; et, pareille à la fleur du cactus,
Ne s'ouvre qu'une fois et ne fleurit qu'une heure
Dans nos cœurs, noirs écueils par la douleur battus.

Adieu donc, toi qui fus jadis ma bien-aimée,
Et qu'emporte à présent quelque lointain reflux.....
La porte de l'église est pour toujours fermée,
De nos belles amours les derniers vers sont lus.

AUTUMNALIA

AUTUMNALIA

Novembre a couronné les arbres morts de givre.
La montagne, d'où les troupeaux s'en vont bêlant,
A revêtu son froid manteau de satin blanc.
Les couchants sont couleur de turquoise et de cuivre.

Et voici qu'ont fleuri les pâles anthémis,
Afin qu'au jour des morts, sur les fosses, les mères
Puissent autour des croix et des grilles amères
Jeter avec leurs pleurs quelques parfums amis.

C'est le temps des derniers rendez-vous, ma mignonne.
Les feuilles sur la mousse ont mis leur tapis d'or ;
Et dans nos cœurs lassés où le désir s'endort
S'exhale aussi l'odeur plaintive de l'automne.

REQUIEM D'AMOUR

REQUIEM D'AMOUR

Le coffret de sandal doublé de velours rose,
Catacombe odorante aux fermoirs de vermeil,
Garde fidèlement les pétales de roses,
Les mèches de cheveux dormant leur lourd sommeil,
Au milieu des billets que plus d'un pleur arrose
Et qui chantent le lied des amours sans réveil.

Elles sont toutes là, toutes les bien-aimées !
Toutes, en s'enfuyant pour ne plus revenir,
Y laissèrent tomber leurs fleurs ou leurs camées,
Baisant leur rêve au front avant de le finir.
Et je sens à travers ces reliques fermées,
Monter le parfum rance et doux du souvenir.

POEMES ET BAS-RELIEFS

SURSUM CORDA!

SURSUM CORDA!

A René Toussaint.

Quand la beauté, pleurant comme un ange malade
Qu'étouffe l'air impur de ce temps odieux,
Remonte, oiseau blessé, dans la splendeur des cieux
En jetant à la nuit sa dernière roulade,

Heureux celui qui peut des soleils radieux,
Pour dérober la flamme, essayer l'escalade,
Et qui, ne craignant pas le destin d'Encelade,
Sur leurs trônes d'azur va réveiller les dieux.

Nous serons de ceux-là si la mort nous respecte,
Nous ferons resplendir dans la forme correcte
Le rêve fraternel qui hante nos cerveaux.

Et nous vivrons, pareils à ces dompteurs sublimes
Qui, dédaignant la terre et ses plus fières cimes,
Font cabrer en plein ciel leurs farouches chevaux.

LE BÛCHER D'HÉRAKLÈS

LE BÛCHER D'HÉRAKLÈS

A Leconte de Lisle.

Comme il avait tordu les sapins séculaires
Et construit un bûcher digne de ses travaux,
Le fils divin de Zeus, le dompteur de chevaux,
Héraklès s'y coucha plein de lourdes colères.

L'âcre douleur mordait ses héroïques chairs,
Des larmes déchiraient son âme abandonnée
En songeant à l'amour de la fille d'Onée,
La reine Déjanire aux yeux méchants et clairs.

Mais toujours plus épaisse arrivait la fumée,
Et la lune agrandie ensanglantait les cieux :
Des vautours s'appelaient dans l'air silencieux,
Une clameur montait de la nuit enflammée.

Une clameur lugubre où l'homme vénéré,
A travers les frissons du soir mélancolique,
Écoutait des loups noirs la horde famélique
Emplir de hurlements l'Oïta désespéré.

LAOCOON.

LAOCOON

A Henri Cazac.

Les serpents monstrueux venus de Ténédos
Font bruire la mer sous leurs croupes énormes,
Et leurs troncs ondoyants, pareils à des troncs d'ormes,
Émergent en sifflant de l'écume des flots.

Mais le prêtre impassible et ceint de bandelettes,
Sur le sable d'azur marche orgueilleusement,
Et, ne prévoyant pas le prochain châtiment,
Ses enfants devant lui portent des cassolettes.

Mais bientôt, enlacés par les infâmes nœuds,
Ils sentent sur leur front la bave des reptiles,
Et leurs bras convulsés en efforts inutiles
Se tordent comme au vent les pruniers épineux.

L'immonde embrassement de plus près les attache :
Groupe horrible ! où debout et maudissant les dieux,
Le grand Laocoon expire, furieux,
Avec les beuglements d'un taureau sous la hache.

LE CHANT DE GLAUCUS

LE CHANT DE GLAUCUS

A Théodore de Banville.

La mer ! comme elle est bleue au loin, la mer sonore !
La plaine harmonieuse et que ne déshonore
Jamais le pied tremblant des hommes au cœur bas,
La mer qui, dans le calme ou dans les durs combats
De la tempête garde une âme inspiratrice,
La mer impétueuse et douce est la nourrice
Des Dieux ; ses tourbillons ont des sanglots humains,
Son flanc où les vaisseaux se creusent des chemins,
Est la mamelle auguste où vient boire le monde;
Plus que les champs couverts de blés elle est féconde,

Et ses gouffres semés de nacre et de coraux,
Gardent loin des clameurs, sous de noirs soupiraux,
Comme une rare fleur à tous les yeux ravie,
La fermentation énorme de la vie.
La mer est belle et semble, au bord du ciel changeant,
Un poisson monstrueux aux écailles d'argent ;
La mer est belle. Avec amour le ciel la baise
Quand, sombre ou reluisante ainsi qu'une fournaise,
Elle prête au soleil l'abîme de ses flots.
La mer pour les plongeurs et pour les matelots
A des sourires clairs et des baisers sans nombre.
Je l'aime ! Cet amour est éclos avec l'ombre,
Avec l'ombre a grandi silencieusement,
Un soir que tout auprès de la plage, dormant,
Je sentais sur mon front de ses glauques vallées
Passer languissamment des haleines salées.

O Thalatta ! Tettys ! Apre divinité
Qui règnes dans la paix et dans l'immensité,
Tu le sais : Si jamais j'ai rêvé ce doux rêve
De devenir un Dieu vénéré sur la grève,
Moi qui, pasteur, paissait jadis au pied des monts

Les féroces taureaux nourris de goëmons,
C'est pour te posséder, déesse bienheureuse,
Toi que je vois parfois quand la vague se creuse,
Cachant tes seins de perle et tes cheveux d'or vert ;
Oui, je veux me plonger dans le gouffre entr'ouvert,
Comme les chercheurs d'or et comme les poètes,
A force d'écouter lamenter les mouettes
Qui se bercent au loin, blanches sur les flots bleus.
Mon cœur est plein de fièvre et de désirs houleux ;
Comme un saule arraché sans branches ni racine,
Le sable de la mer m'entraine et me fascine ;
Mes jours vers Thalatta courent comme un torrent.
Ce soir je descendrai sur la rive implorant
Toutes les déités de l'abime bleuâtre,
(Sous la lune la mer est de lait et d'albâtre)
Là, dépouillant les jours et les espoirs déçus,
J'ôterai lentement ma robe de byssus,
Le souffle de Tethys gonflera mes narines,
Et je m'endormirai sous les algues marines.

Toi, qui vers ton déclin marches éclaboussant
L'azur de clairs métaux couleur d'ambre et de sang,

Titan, qui chaque soir t'endors dans ta victoire
Jetant au monde impur ta flamme expiatoire,
Dompteur aux cheveux roux qui te plais aux travaux
Glorieux de tes blancs et farouches chevaux,
Archer ! Hypérion ! Soleil ! roi des espaces,
Je te salue encore avant que tu t'effaces
Et que la molle Nyx couvre le ciel vermeil ;
Je ne te verrai pas demain ! Salut, Soleil !

Maintenant reçois-moi dans tes ondes tentantes,
Déesse au péplos bleu ! Les tiges palpitantes
Des pâles tamarix s'inclinent vers tes bords ;
Telle descend vers toi l'âme des enfants morts,
Pour l'insensé désir de ta beauté fatale,
Je vais à toi. Pourtant, agitant le krotale,
Des vierges, en dansant, belles comme tes eaux,
Entrelacent leurs chœurs à l'ombre des roseaux.
Mon chien noir garde encor mes génisses sauvages,
Et, dans la plaine, loin de tes amers rivages,
Il est un toit discret des pampres embaumé
Où je puis m'abriter toujours sûr d'être aimé,

Une maison tranquille où sous les vignes blondes,
Retournent s'endormir les abeilles fécondes,
Où ma mère, ce soir, en m'apprêtant ses bras,
Regardera longtemps si je ne reviens pas.

LES AMANTES

LES AMANTES

Blanches et découvrant sous leurs robes ouvertes,
Des torses de déesse et des pâleurs de lis,
Les vierges au grand cœur sur les pelouses vertes
Offrent au vent du soir leurs reins froids et polis.

Deux à deux s'enlaçant et de baisers couvertes,
Elles tordent leurs corps dans l'ombre ensevelis,
Et l'âme de Sapho de leurs couches désertes,
Comme un souffle divin fait onduler les plis.

Car le chasseur Erôs que la douleur affame
Aime à voir se pâmer tous ces beaux seins de femme
Qu'un impossible amour soumet à son tourment.

Et c'est pourquoi dans Gnide et dans Lesbos la sainte
Tant de pleurs font bondir les péplos d'hyacinthe,
Et tant de voix, la nuit, hurlent plaintivement.

LE TOMBEAU D'ADONIS

LE TOMBEAU D'ADONIS

Dans les sentiers des bois par l'automne jaunis,
Les nymphes ont pleuré le chasseur Adonis.

Les nymphes des étangs, des prés, les Oréades,
Celles des autres creux et les Hamadryades
Qui, sous les troncs rugueux cachent leur corps charmant,
Ont mené sur sa tombe un long gémissement ;
Du fond des roseaux verts une plainte est montée
Comme aux jours où, troublant les mystères, Pentée
Teignit de son sang noir le Cithéron neigeux.
Les Erôs dont s'honore Idalia, les Jeux,
Les Grâces, blanches sœurs par la main enlacées,

Ont pleuré tristement sur ses lèvres glacées,
Et, dans l'ombre du soir, parmi l'azur plus doux,
Silencieusement, tels que des chœurs d'époux
Livrant au bleu des nuits leurs douleurs vagabondes,
Les astres ont pleuré l'éphèbe aux tresses blondes,
Orion, le Bouvier, pasteur des feux vermeils,
Et Saturne et Vesper le plus beau des soleils.

Sur le tertre fleuri de pâles anémones,
Les Vierges de Byblos ont jeté leurs couronnes
Et lavé de parfums le cadavre adoré.
Les molosses hurlant dans le vent éploré
Autour du noble enfant endormi sur des roses,
Ont uni leurs sanglots à la douleur des choses.

Et plus loin, dans l'horreur insondable du deuil,
Dédaignant les encens qui baignent le cercueil,
La très-douce Cypris, en des larmes sans trêve,
Se lamente et sa voix lugubre comme un rêve,
Comme le vent qui brame à travers les bouleaux,
Secoue éperdûment de solennels sanglots.

Le Tombeau d'Adonis

« Hélas ! les pampres roux pendent encore aux vignes.
Les lis gardent encor leurs parfums et les cygnes
N'ont pas ouvert leur vol vers le soleil perdu,
Jeune homme ! Cependant tu rêves, étendu,
Insensible au baiser de mes lèvres brûlantes ;
Ton sang qui coule à flots a rajeuni les plantes
De fauves floraisons couleur de rouille et d'or.
Car ta beauté fut grande et jusque dans la mort
Retrouve les splendeurs ardentes de la vie.
Mais moi, pour apaiser ma soif inassouvie,
Je n'aurai plus l'or clair de tes cheveux légers,
A l'heure où le retent furtif des orangers,
Dans le tiède rayon qui rajeunit les tombes,
Mêle amoureusement les cous bleus des colombes.
Hélas ! tes yeux sont clos pour le dormir profond !
Persephone t'attend dans le Hadès sans fond,
Où le front couronné de lierre et d'asphodèle,
O radieux ami ! tu revivras près d'elle,
Oublieux de l'avril et des serments premiers,
Quand nos mains s'enlaçaient, jadis, sous les pommiers.

Tu ne descendras plus vers moi, moi malheureuse !
Dans les moites clartés de l'aube langoureuse,

Illuminant l'azur de ton regard divin.
Tes mamelles m'étaient meilleures que le vin :
J'avais quitté Paphos et Gnide qui me pleure,
Pour le sombre Liban où brille ta demeure ;
Et quand je m'endormais sur ta poitrine, hélas !
Je croyais respirer la fraicheur des lilas.
Tu ne descendras plus des collines sonores;
Tes flancs purs et pareils à des anses d'amphores
N'orneront plus, enfant, la pourpre de nos lits.
Le sang impétueux souille tes reins polis,
L'ombre s'étend au loin dans l'éther solitaire,
Et les suprêmes fleurs ont embaumé la terre...

  Enfant, repose-toi : Nous renaitrons tous deux,
Loin des âpres hivers, loin du monde hideux,
Nous ferons bouillonner aux sources souterraines
Les ardeurs de nos chairs en sèves souveraines.
Car moi, Kytaïreia, la déesse au grand cœur,
Qui foule l'Olympos ardu d'un pied vainqueur,
J'évoquerai ta vie en ces heures sublimes
Où la reine Gaïa, reverdissant les cimes,
A travers les sillons frissonnants et les blés,
Fait tressaillir d'espoir les moissonneurs hâlés.

Le Tombeau d'Adonis

Nous monterons tous deux, printemps par les étoiles,
Ivres de nos baisers, déchirant tous nos voiles,
Rompant la glace aride aux berges des ruisseaux,
Éveillant dans les nids la chanson des oiseaux,
Et portant dans sa gloire et dans sa joie entière
Nous, l'immortel amour, la forme à la matière.

Ainsi, dans les sentiers par l'automne jaunis,
Dioné va pleurant le chasseur Adonis,
Et les nymphes des bois, les Eros et les Grâces,
Les Vierges aux beaux bras ont gémi sur ses traces
Dans un rythme plaintif où chantent tour à tour
La douleur de l'absence et l'espoir du retour.

« La flamme de ta vie est à jamais éteinte :
Tes yeux ne verront plus la lumière nacrée
Flamboyer sur les monts, et, dans son ombre sainte,
La forêt gardera ta dépouille sacrée.

Dors, bel adolescent, ô toi qu'aima Cypris,
O toi qui fus toujours irréprochable et beau !
Comme un vol de ramiers par les chasseurs surpris,
Tes jours sont emportés dans la nuit du tombeau.

Le Tombeau d'Adonis

Ne te réveille pas, éphèbe aux tresses blondes,
Et garde dans la nuit la beauté de ton rêve.
Après Kytaïreia qui gouverne les mondes,
Nul autre amour n'aurait pour toi gardé de sève.

Le destin n'eut pour toi que la fleur des avrils :
Tu ne connaîtras pas les douloureux hasards,
Ni les poisons gardés aux voyageurs subtils
Qui veulent arriver à l'âge des vieillards.

Car tu remonteras dans la flamme incréée,
Aux sources du bonheur et de la beauté pure,
Où l'Amante sourit, blanche et transfigurée
Dans un chœur radieux d'étoiles qui murmure. »

HYMNE A APHRODITE

HYMNE A APHRODITE

Aphrodite, déesse immortelle aux beaux rires,
Qui te plais aux chansons lugubres des ramiers,
Les cœurs humains pour toi chantent comme des lyres
Et tes bras font pâlir la blancheur des pommiers.

Salut, dispensatrice auguste de la vie,
Qui courbes sous ton joug les fauves indomptés,
Qui fais voler la lèvre à la lèvre ravie,
Salut, blanche Cypris, reine des voluptés !

C'est par toi que, le soir, sous les myrtes propices,
S'enlacent doucement des groupes bienheureux,
Et qu'au bord des ruisseaux et près des précipices
Sanglotent dans la nuit les enfants amoureux.

C'est par toi que, brûlant d'ivresse, frémissante,
L'églantine se teint de son sang parfumé,
Et que la vierge apporte, heureuse et rougissante,
Sa couronne et son cœur aux bras du bien-aimé.

Et c'est toi qui, rythmant les divines étoiles,
Fais tressailir d'amour le cœur de l'univers,
Afin que l'harmonie en qui tu te dévoiles,
Apprenne aux hommes purs à composer des vers.

Je t'implore, déesse immense et vénérable,
Soit que, glorifiant les rosiers rajeunis,
Sous les lilas en fleurs et les bosquets d'érable
Tu couvres de baisers les songes d'Adonis ;

Hymne à Aphrodite

Soit que le dur Arès t'enchaîne à sa victoire,
Ou que, domptant les flots, ô mère des amours,
Les Cyclades en fleurs écoutent ton histoire :
Mon encens à tes pieds s'exhalera toujours.

Garde-moi de l'ennui, de la vieillesse immonde,
Garde-moi, si jamais l'espoir toucha ton cœur,
O reine qui maintiens et gouvernes le monde,
Avant tout, garde-moi de l'infâme laideur !

Fais que je tombe dans ma force et ma jeunesse,
Que mon dernier soupir ait un puissant écho,
Et, pour qu'un jour mon âme en plein soleil renaisse,
Que je meure d'amour comme Ovide et Sapho.

HYMNE A DYONISIOS

(Rit Orphique)

HYMNE A DYONISIOS

(rit Orphique.)

Dans un rythme correct et pur comme une amphore
J'invoquerai d'abord Iakkos Thesmophore.

Le Dieu mâle et femelle et que la noire Isis
Enfanta. Les parfums du temple d'Eleusis

Brûlent pour lui. L'encens, le styrax et la manne
Décorent le parvis interdit au profane.

Et toi qui des combats aimes le bruit sacré,
Evan Bassaréen, je te célébrerai.

Je te célébrerai dans tes gloires énormes,
Dompteur aux mille noms, et sous toutes tes formes.

Soit que le thyrse en main et des pampres au front
Les Mainades, le soir, pour toi, dansent en rond,

Soit que ton bras vainqueur arrête les cavales
En rut, ô furibond, qui te plais aux cymbales ;

Soit que tu donnes au grand vin resplendissant
L'éclat mystérieux des roses et du sang :

Au vin qui retentit vermeil dans le canthare,
Plein de joie et d'orgueil ainsi que la cithare ;

Et que la vieille terre apprenne à ses échos
Le vénérable nom du bienfaisant Bakkos.

Salut, ô bienheureux jeune homme secourable !
Accueille nos présents d'un regard favorable.

O toi dont les cheveux comme de clairs soleils
Fulgurent, induis-nous en de sages conseils.

Et protège le toit de ceux qui, sur la terre,
S'en vont initiant la foule à ton mystère.

HYMNE AU SOMMEIL

HYMNE AU SOMMEIL

Toi le plus beau des dieux et le seul pitoyable,
Toi seul qui rajeunis l'homme déshérité,
Et laves de tes mains l'horreur inexpiable
Du travail dégradant et de la pauvreté ;

Jeune homme aux noirs cheveux, qui, sur ton char nocturne,
Peux marcher comme Evan trainé par des lions,
Tes lourds baisers, pareils au Léthé taciturne,
Sont savants à calmer toutes rébellions.

Ton pied n'a pas chaussé la knémide sonore,
Le Parnès n'a pas vu voler tes flèches d'or,
Mais dans l'ombre où le rêve immense peut éclore,
Le monde douloureux entre tes bras s'endort.

Car l'univers flétri par la haine et les fièvres
Et qui souffre oublieux de l'Olympe vermeil,
Depuis dix-huit cents ans vers toi seul tend ses lèvres.
Comme vers un ruisseau consolant, ô Sommeil !

Pour moi, chanteur épris des extases sans trêve,
Qui m'enivre des bois, du grand ciel et des eaux,
Fais fleurir sur mon front l'irréprochable rêve,
Fais chanter en mon cœur d'invisibles oiseaux.

Effeuille autour de moi les plantes funéraires
Aux jardins de la nuit éclose sous tes pas,
Les pavots endormeurs, les noires cinéraires,
D'où tombe comme un vin la douceur du trépas.

Afin que, dans l'azur où les heures d'ébène
Des astres fugitifs rallument le flambeau,
Mon âme, dépouillant toute douleur humaine,
Monte se rajeunir aux sources du vrai beau.

Et je t'adorerai suivant le rit antique,
Jusqu'à l'heure indécise où du ciel emperlé,
L'alouette dira son matinal cantique
Au soleil radieux du jour renouvelé.

LEUCATE

LEUCATE

A Armand de Lacour.

Quand elle eut dans la mer jeté la lyre sainte,
Avant de s'abîmer au fond des gouffres verts,
Arrachant les lauriers dont sa tempe était ceinte,
Pour la dernière fois, Sapho chanta des vers.

Les myrtes exhalaient comme une douce plainte.
Des ramiers éperdus s'enfuyaient dans les airs,
Et la grande prêtresse extatique et sans crainte,
Blanche, se détachait sur l'azur des cieux clairs.

Traînant ses flots plaintifs sur l'âpre promontoire,
Poseïdon venait baiser ses pieds d'ivoire,
Plus blancs sous l'algue blonde et le corail vermeil.

D'amers parfums montaient de la mouvante plaine,
Ce pendant que la Nymphe, honneur de Mytilène,
Suivait d'un œil pensif la chute du soleil.

MARIE DE MAGDALA

MARIE DE MAGDALA

A Eugène Orenga.

Toi qui fus la première et fus la plus sublime,
Dans ce troupeau blessé d'amantes à genoux
Dont le rude sanglot est monté jusqu'à nous,
Comme un torrent de pleurs roulant de cime en cime ;

Lorsque tu consolais le Maître aux cheveux roux,
Loin des docteurs haineux et de la foule infime,
L'œuvre de ton amour fut si grande, ô victime,
Que la mort et l'oubli durent te sembler doux.

Car il avait, un soir, vers toi penché la tête,
Car, lorsque à s'envoler sa grande âme fut prête,
Tu reçus à ses pieds son immortel adieu.

Et, quand tu regagnas ta retraite suprême,
L'aube des temps nouveaux, mystérieux baptême,
Dora ton front pâli sous le baiser d'un dieu.

LUNDI DE PAQUES

LUNDI DE PAQUES

Avril. Comme un amas de dentelles voilant
A demi la candeur d'une poitrine vierge,
Sur le jeune soleil s'étend un duvet blanc.
Le jour pâle est plus doux qu'une lueur de cierge.

Les coteaux embrumés effacent mollement
Dans l'azur allangui leurs cimes violettes.
C'est de la terre au ciel un long enchantement.
Les pêchers ont ouvert leurs roses cassolettes.

Et, joyeux, emplissant de rire les chemins,
Par les bois que rougit le sang vermeil des aulnes,
Le soir, de beaux enfants emportent dans leurs mains
Des moissons de lilas et de narcisses jaunes.

MIDI EN AOUT

MIDI EN AOUT

Dans l'azur solennel fleuri de lauriers-roses,
Le soleil triomphant darde ses flèches d'or,
Et voici que la terre en souriant s'endort,
Heureuse sous l'ardent baiser des flammes roses.

Car dans son sein hâlé par l'ardeur du midi,
Où l'âpre canicule en flots de feu ruisselle,
Elle sent circuler la vie universelle
Ainsi qu'un lait divin par l'amour attiédi.

Elle sent que ce ciel brûlant comme les forges,
Féconde son beau flanc d'où tombent les épis,
Et que, pour nous bénir, les germes assoupis
Vont croître dans les blés, les seigles et les orges.

Ainsi rêve la terre éprise de douleur
Que déchirent du soc les morsures égales,
A l'heure où le frisson des stridentes cigales
Exhale dans le bleu l'hymne de la chaleur.

LES NOCES DE MESSIDOR

LES NOCES DE MESSIDOR

Sous les tilleuls en fleurs vers le couchant qu'embrase
Le suprême rayon du soleil effondré,
Comme un taureau sacré pour le fer, de la base
Au faîte le grand arbre est superbe et paré.

Il se dresse tout noir sur la pourpre et sur l'ambre
Des nuages couleur de lumière et de feu.
Et, sachant que sa mort est prochaine, il se cambre
Audacieusement dans les splendeurs du bleu.

Au flanc du beau martyr en couronnes serties,
Royales et jetant leur ténébreux parfum,
Des roses vont brûler, odorantes hosties,
Sur la dernière nuit du blond printemps défunt.

Et, montant sur les fronts de la foule attendrie,
Un arome léger qu'on ne peut définir,
Où l'odeur des baisers et des lis se marie,
Circule comme un fleuve épris de souvenir.

Car la terre, ce soir, cette bonne nourrice,
Qui d'un manteau de blé couvre son sein bruni,
Célèbre longuement dans l'ombre protectrice
Son fauve hymen avec le soleil infini.

Voici que, succédant aux floraisons hâtives,
Aux candeurs de l'avril maintenant emporté,
Le vieux sang immortel pareil aux sources vives
Va sourdre et refleurir en pleine puberté.

C'est la fête d'amour ! la fête de la terre !
Des lèvres en tous lieux appellent les baisers,
Et l'antique Gaïa, divulguant son mystère,
Entr'ouvre au vent des nuits ses bras inapaisés.

Les prêtres béniront le bûcher, les fidèles
Chanteront à plein cœur les hymnes chrétiens,
Mais plus haut que l'azur hanté des hirondelles,
Comme un aigle captif qui brise ses liens,

Avec le ton royal des prêtresses vengées,
Secouant ses accents nouveaux comme un remord,
Une voix, répondant aux voix des mers Égées,
Clamera dans leurs chants « : Le dieu Pan n'est pas mort ! »

Non, vous n'êtes pas morts, ô Dieux ! Dieux de la vie !
Dieux des plages ! Dieux des forêts ! Dieux de l'azur !
Nul ne pourra tarir la source d'ambroisie
Où vous rajeunissez votre front calme et pur.

Nul ne l'emportera dans le ciel où vous êtes,
Tant qu'un souffle d'amour brûlera dans les cœurs,
Tant qu'un rayon luira dans l'âme des poètes,
Tant que les vastes lis resplendiront vainqueurs.

Tant que le feu divin, de ses lèvres vermeilles
Caressera les flancs rugueux de l'univers,
Et que Dyonisios aura pour les abeilles
Dans sa barbe de miel la senteur des foins verts.

Juin 1877.

NOCTURNE

NOCTURNE

Le dernier feu s'éteint sur la lande embrumée.
Plus de flamme aux carreaux, aux toits plus de fumée.
La note des crapauds vibre seule, et la nuit
Sous sa robe de crêpe endort ce faible bruit.
Les étoiles ne sont pas encore allumées.
Silencieusement, des brises embaumées

Passent sur le sommeil des moissons et des bois.
Une lueur surgit au faîte blanc des toits
Et de taches d'argent sème la terre brune ;

Voici qu'à l'Orient, là-bas, monte la lune.

AQUARELLE JAPONAISE

AQUARELLE JAPONAISE

A Léopold de Panat.

Ses yeux de jade et d'or avec paresse glissent
Comme la lune courbe au bord des saules gris.
Sa peau, que les parfums du santal assouplissent,
Passe en douceur l'émail et le papier de riz.

Dans ses cheveux, où tremble un papillon de laque,
La nuit a mis son charme et son obscurité ;
Le kaolin auprès de ses doigts est opaque,
Et son souffle est plus frais que la vapeur du thé.

Aquarelle Japonaise

Les pivoines en fleur, les lis couleur d'aurores
Ont un éclat moins vif que ses ongles polis.
Sa simarre de soie a des frissons sonores,
Et le vent amoureux s'embaume dans ses plis.

Parfois, lasse et fuyant les nattes endormeuses,
Sous les pêchers fleuris elle s'assied pour voir
A l'horizon baigné de visions brumeuses,
Un flamant s'envoler, rose avec le bec noir.

Ou bien elle se mêle aux blanches passagères,
Qui, lorsque le couchant dore le ciel blafard,
S'en vont joyeusement, dans les jonques légères,
Sur le bord du Jo-Yeh cueillir le nénufar.

INNUPTA VIRGO

INNUPTA VIRGO

J'ai choisi pour l'aimer d'une amour enfantine
Un barbare portrait de sainte byzantine,
Qui, sur un vieux panneau peint aux quatre couleurs,
Sourit du fond d'un ciel enguirlandé de fleurs,
Et croise dans un geste auguste de prière
Ses mains d'une maigreur irréprochable et fière,
Ses belles mains qui n'ont touché que l'encensoir
Et les nappes d'autel où l'agneau vient s'asseoir.
Ses yeux gris ont le trouble infini de l'extase.
Limpide, sur le fond d'or de l'iconostase,

Sa chair rayonne, et l'on devine à l'approcher
Que nul terrestre amour ne l'oserait toucher,
Tant elle a l'air déjà d'être la sœur des anges !
Au milieu des rayons et des vols de mésanges,
Étincellent parmi les beaux nimbes dorés,
Son corsage à la Vierge et ses cheveux cendrés.

Telle elle fut avec amour représentée
Par un peintre athonite, et la sainte vantée
Jusqu'à nous est venue empreinte du parfum
Du monastère grec et de cet art défunt
Dont on rit volontiers en ce temps sacrilège.

Mais son âme candide et sa blancheur de neige
Ont fui depuis longtemps ce monde de douleurs
Pour les bosquets sacrés où les justes en pleurs,
Dans l'éblouissement clair de la délivrance,
Sentent fleurir en eux leur antique espérance.
Le Roi Christ du plus haut du ciel est descendu,
Et, cueillant ce trésor pour le monde perdu,
Afin de consoler sa splendeur exilée,
A couvert d'un baiser sa lèvre inviolée.

SONNET

POUR PRIER NOTRE-DAME

SONNET

POUR PRIER NOTRE-DAME

Les temps étaient venus où les justes bibliques
Allaient se rendormir dans l'éternel amour,
Où, sous les cieux peuplés d'astres mélancoliques,
Les derniers nés tendaient leurs lèvres vers le jour.

C'est alors que tu vins, reine des basiliques,
Apporter l'espérance à notre dur séjour,
Et que, le flanc percé de glaives symboliques,
Pour l'homme tu prias et pleuras tour à tour.

Et depuis ce moment le monde qui t'implore
Te salue, ô Marie, ange, pardon, aurore,
Cœur ouvert et clément à tous les repentirs.

Toi, qui sous le brocart de ta robe étoilée
Garde pieusement en ton âme voilée
La douceur d'une mère et la foi des martyrs.

LE CANTIQUE DU PRINTEMPS

LE CANTIQUE DU PRINTEMPS

A Giuseppe Muccioli.

Les ramiers dans les troënes
Mêlent leurs cous bleu-de-ciel.
La brise aux senteurs de miel
Fait onduler par les plaines
Le voile d'Alaciel.

La terre dans sa poitrine
Sent battre un cœur plein d'amour,
Et met sur sa taille fine
Son manteau couleur de jour.

Au tronc des chênes moroses
Le houblon s'est enroulé;
Le sang tragique des roses
Comme un vin pur a coulé.

Des couples blonds, par les sentes,
Vont cherchant sous le ciel clair,
Les haleines caressantes
Des baisers perdus en l'air.

Partout des clameurs d'aurore
Montent en un large accord,
Et pour une année encore
L'amour a vaincu la mort.

Evohé! gloire à la terre!
Gloire à son éternité!
A son sang dont rien n'altère
La jeunesse et la beauté.

Les ramiers dans les troënes
Mêlent leurs cous bleu-de-ciel.
La brise aux senteurs de miel
Fait onduler par les plaines
Le voile d'Alaciel.

SONNETS FRILEUX

SONNETS FRILEUX

I

OCTOBRE

A Luigia Longhi

Parfois au mois de juin les roses remontantes,
Surprises par l'éclat rajeuni du soleil,
Livrent au vent du soir leurs robes éclatantes
Avant d'avoir ouvert leur calice vermeil.

Elles meurent ainsi, vierges et palpitantes
Comme des cygnes blancs amoureux du sommeil,
Laissant sur l'arbrisseau des sœurs moins inconstantes
Que l'automne caresse à son dernier réveil.

Je sais des cœurs aussi qui, pareils à ces roses,
Brisés par l'esclavage et les soucis moroses,
N'ont pu dans leur avril donner de floraison.

Des cœurs pleins de chansons et de voix argentines,
Qui gardent tristement, comme les églantines,
Des germes radieux pour l'arrière-saison.

Octobre 1876.

11

NOVEMBRE

La lune, pour aller au bal,
A mis son capuchon d'hermine.
Le ciel bleuâtre s'illumine
D'un reflet d'ambre et de cristal.

Comme des fleurs de balsamine,
Allumant leur rouge fanal,
Des astres aux yeux de métal
Frissonnent dans la nuit divine.

Sous les pieds des rustres foulé,
Le sang de la vigne a coulé
Avec l'odeur sombre des roses.

Et voici le temps où chacun
Rêve du pays chaud et brun
Que fleurissent les lauriers roses.

III

DÉCEMBRE

La mort dans le grand ciel épand des avalanches
Où les divins soleils roulent ensevelis;
Les nids déshonorés s'écroulent sur les branches
Et la neige frissonne au bord des cieux pâlis.

Les vanneaux fugitifs et les cigognes franches,
Dans l'azur embrumé d'un virginal surplis
S'éloignent, et leurs cris bercent les plaines blanches
Où fleurissait l'orgueil immaculé des lis.

La terre dort. Elle a porté dans ses entrailles
Les germes nourriciers des fécondes semailles,
Elle a fait ruisseler la pourpre du raisin.

Et maintenant que l'homme insouciant s'abreuve
Du meilleur de sa vie, elle, comme une veuve,
Endort en un long deuil les fièvres de son sein.

LES CITHARISTES DE LA RUE

LES CITHARISTES DE LA RUE

A Georges Daguilhon

Hâves, déguenillés, mais l'œil plein d'étincelles,
Sous les larges soleils et les frimas glacés,
Partout ils vont chantant, tendant leurs escarcelles,
Rarement accueillis et souvent repoussés.

Ce sont de beaux enfants de la chaude Italie
Ou de blonds ménestrels des pays d'outre-Rhin,
Que le démon de l'art, l'amour ou la folie
Poussent vers d'autres cieux. Air fier et front d'airain

Ils passent en rêvant dans le fracas des villes,
Artistes impuissants, quelquefois incompris,
Emportant dans le sein des semences fertiles
Et dardant sur ce monde un immense mépris.

Leur esprit souple et fort peuple de larges drames,
Dont les décors sont faits d'espace et de soleil.
La harpe sur le dos, dans les cités infâmes
Ils avancent toujours vers l'Idéal vermeil.

Pour rompre le lien de maudites souffrances,
Trouver la fleur qui chante ou le dalhia bleu,
Pour cueillir des moissons d'amour et d'espérance,
Ils ont dit à leur ciel un éternel adieu.

La plupart ont vidé de sinistres calices
Et leurs yeux si profonds sont creusés par des pleurs.
Ils ont, martyrs obscurs, après de longs supplices
Trouvé l'insouciance au fond de leurs douleurs.

Mais, lorsque déchirant d'ardentes symphonies,
Leur âme vibre au fond de l'instrument, alors
Ils oublient tout : affronts, misère, ignominies,
Car la Muse à leurs pieds répand tous ses trésors.

Leur voix ose évoquer les œuvres légendaires ;
Manrique, Arnold, Fernan s'y tiennent par la main.
Le chasseur pâle encor de sinistres mystères,
Dans les bois du Freyschütz leur montre le chemin.

Et, souvent, attendris par des notes étranges,
Les passants inquiets s'attroupent autour d'eux,
Et les gros sous tombant à leurs pieds, dans les fanges,
Transforment en festin leur souper hasardeux.

Toujours chanter ! Toujours marcher ! Voilà leur vie.
Et quand un jour, un d'eux ne se réveille pas,
Ses frères, libres cœurs, avec un air d'envie
Baisent son front glacé par le vent du trépas.

Sur le bord du chemin ils creusent une fosse,
Pour l'éternel sommeil ferment ses vastes yeux ;
Et, sans verser les pleurs feints d'une douleur fausse,
Ils enterrent son corps la face vers les cieux.

INSCRIPTION POUR UN RYTHON

INSCRIPTION POUR UN RYTHON

Le potier très-savant qui modela ce vase
Te salue, ô chercheur de rythmes, qui boiras
Dans l'argile tordue un vin chargé d'extase,
Bercé par la chanson d'éphèbes aux beaux bras.

Puisse éclater pour toi dans la coupe sonore
L'hymne qui dort au fond du nectar miellé,
Et fleurir le sommeil bienfaisant dont s'honore
Le dompteur Iakkos qu'enfanta Sémélé.

SONNET

SONNET

Ne descendez jamais, ô poètes, mes frères,
Laissez aux manants vils le vin des cabarets
Et les sales amours qui flétriraient vos traits.
Laissez, malgré l'horreur de fortunes contraires,

Au fond des carrefours par la lune éclairés
Que hantent dans la nuit d'infâmes stercoraires,
Sous les pâles fanaux aux lueurs funéraires,
Les filles vous offrir leurs flancs déshonorés.

Sonnet

Restez purs et soyez dignes de la cithare.
Comme un vin précieux enclos dans un canthare
Superbe où resplendit la beauté des métaux,

Dans votre corps d'ivoire orgueilleusement chaste
Gardez pieusement l'esprit enthousiaste,
Debout, sur la hauteur de vos saints piédestaux.

SONNET

SONNET

Aux jours de la saint Jean et de la Fête-Dieu,
Quand les processions, musiques et bannières,
Emplissent la cité de chants et de lumière
Et d'encens solennel fumant dans le ciel bleu,

On voit passer en rang et marchant les premières,
Les vierges de douze ans dont encor nul aveu
N'a fait battre le cœur et qui tremblent un peu
Sous la claire blancheur des gazes familières.

Une odeur de buis vert s'exhale sous leurs pas :
Car la rue est partout embaumée et fleurie.
Et le passant hâtif qui souffre et ne croit pas,

Courbe son front devant la chaste théorie
D'où montent, par instants, les hymnes que tout bas
Il disait autrefois à la Vierge Marie.

Toulouse, juin 1876.

SONNET

SONNET

A Etienne Bladé.

Puisque les chants sacrés dont la Muse s'honore
Doivent en bondissant sous le plectrum sculpté,
Comme un large ruisseau de parfums et d'aurore
Rajeunir dans leur flot la pâle humanité;

Puisque, pour les grands cœurs, la Cithare sonore
Garde le charme exquis de l'immortalité
Et que plus d'un voudrait le cheval de Lénore
Pour s'enfuir à plein cœur dans son rêve vanté,

Vous faites bien, ami, de demeurer poëte
Malgré l'indifférence et les ris contempteurs,
Car au plus haut des cieux l'apothéose est prête,

Car vous triompherez parmi les grands lutteurs
Qui marchent, radieux, en ces siècles moroses
Les doigts ensanglantés du sang divin des roses.

LES CORDES BRISÉES

'NOVISSIMA VERBA

NOVISSIMA VERBA

Le sang décoloré qui coule dans nos veines
Ne peut plus refleurir nos pauvres cœurs flétris,
Et malgré nos efforts et nos tendresses vaines
La Muse attend toujours et sourit de mépris.

Nul n'est plus assez fort pour ces saintes conquêtes
Car nous avons jeté, honteux adolescents,
Notre âme impétueuse en de sordides fêtes
Et sur d'impurs autels brûlé tout notre encens.

Nous avons sur vos seins de plâtre usé nos lèvres,
O vous, pâles enfants, gloire des carrefours,
Nous avons cru trouver nos rêves et nos fièvres
Sous vos baisers vendus et vos sales atours.

Nous avons renié l'immortelle amoureuse,
La Cithare, au grand cœur ceinte d'astres vermeils,
Et voici que pour nous hâtivement se creuse
Le lit désespéré des suprêmes sommeils.

Nous ne sculpterons plus dans le marbre et l'agate
Le profil éclatant des héros et des dieux,
Ni des Nymphes en fleur la troupe délicate
Dansant légèrement dans le soleil joyeux.

Et nous ignorerons cette gloire sublime
De relever l'autel des cultes anciens,
Et de ressusciter dans l'or pur de la rime
O radieuse Hellas, tes grands Olympiens

Nous sommes les derniers d'une race maudite,
De nos débiles mains les pinceaux sont tombés,
Et nous sentons couler les pleurs d'Hermaphrodite,
Tristes enfants déjà vers la tombe courbés.

La mort qui nous sourit et dans nos cœurs se mire
Nous attend au détour de nos étroits sentiers,
Et les âcres parfums du chlore et de la myrrhe
Ont remplacé pour nous l'odeur des églantiers.

Tous les chants épandus dans la grande nature,
Toutes les chaudes fleurs que midi fait ouvrir
Ne nous déguisent pas l'atroce pourriture,
Et l'aurore nous dit : « Frère, il faut mourir. »

Pour que notre besogne ici-bas soit parfaite,
Il nous faut réfréner la colère et l'amour,
Passer calmes et froids à travers une fête
Ainsi que des joueurs qui se noieront au jour.

Il nous faut, déchirés par d'intimes cilices,
Ne rien laisser percer sur nos fronts que l'ennui,
Et malgré les baisers, les rires, les délices
Éteindre les soleils qui dans nos cœurs ont lui.

Afin que, saturés de voluptés amères,
Nous puissions dans la nuit nous endormir joyeux,
Gardés par les essaims farouches de chimères
Que nous aurons domptés d'un poing victorieux.

LA CHANSON DES AIGLES

LA CHANSON DES AIGLES

A Etienne Bladé.

En plein ciel, en plein ciel ouvrant leurs larges ailes,
Les gypaëtes blancs montent vers le soleil,
Et les rayons mordant l'ambre de leurs prunelles
Sur leurs rostres d'acier mettent un ton vermeil.

Dans les sérénités des sphères de lumière,
Dans les océans clairs des cieux inexplorés,
Où les mondes, suivant l'hyperbole première,
Chantent dans l'infini les rythmes consacrés.

A travers les terreurs vagues des empyrées,
Ou sur le sable d'or des constellations,
Le manteau d'Elohin traîne ses fleurs sacrées
Et jette dans la nuit des fulgurations.

Ils se meuvent légers, immuablement calmes
Sur les nuages blonds de l'éther sublimé,
Et les hommes, d'en bas, croient voir fleurir des palmes
Énormes sur le fond d'un désert enflammé.

Eux cependant brûlés par les baisers des astres,
Poussent des cris aigus au sein de leur clarté,
Et, comme les martyrs sculptés sur les pilastres,
Se tordent dans l'angoisse et dans la volupté.

Mais, un jour, approchant de trop près les étoiles,
Ils tombent consumés dans leurs vols souverains
Et meurent étendus comme de larges toiles
De la soif d'infini qui leur pressait les reins.

*
* *

Ils savaient cependant que la montagne est douce,
Que des ruisseaux causeurs frisonnent sur la mousse
Au milieu des glaïeuls et des nymphéas bleus;
Ils savaient les bosquets où les lièvres frileux
Viennent, lorsque le soir tombant les tranquillise,
Brouter folâtrement les grappes du cytise ;
Ils savaient les endroits où fleurit le daphné,
Où le rhododendron de ses fleurs couronné
Mêle d'ardents rubis au velours vert des roches;
Les bouquetins craintifs redoutant leurs approches,
S'enfuyaient sur les pics, pareils à des manoirs;
Les lacs épanouis au creux des rochers noirs
Brillaient avec l'éclat divin des pierreries ;
De longs troupeaux paissaient les antiques prairies;
Les mélèzes, les pins aux verdures en deuil
Tordaient leurs bras noueux pleins d'un tragique orgueil
Et versaient à plein cœur leur sève parfumée.
Mais la forêt natale et la montagne aimée,
Les grottes aux arceaux de lierre et de houblons,
Les fiers sommets n'ont pu retenir les aiglons

Que tentait du grand ciel la blancheur éclatante.
Ils sont partis, livrant leur aile palpitante
Au vent qui dans leur cœur hurlait comme un clairon.
Le désir les pressait de son rude éperon,
L'aurore se mirait dans leur jaune paupière.
Et, debout, frissonnant dans la chaude lumière,
Candides au milieu du feu terrible et pur
Les glaciers leur montraient le chemin de l'azur.

.*.

O frères, ô chercheurs des infinis espaces,
Nautoniers éperdus de l'immense clarté,
Salut! d'un cœur viril nous irons sur vos traces
En plein ciel, en plein rêve, en pleine liberté.

La terre que revêt la toison d'or des seigles
Nous offre en vain l'abri de ses bois amoureux,
Et nous souffle sans fin l'âpre désir des aigles
De tenter les soleils d'un vol aventureux.

La Chanson des Aigles

Nous monterons charmés par des lyres sonores
Oublieux des bonheurs vulgaires d'ici-bas,
Dans l'azur constellé de rouges météores,
Où des anges de feu nous tendent leurs beaux bras.

Plus haut, toujours plus haut, la poitrine agrandie,
Notre voix sonnera comme un appel de cor
Vers les plaines sans borne où brame l'incendie,
Où la lumière meurt au sein des lunes d'or.

Où tout n'est que nectar, parfums, rayons, aurore,
Où flambent des métaux roses comme le sang,
Où d'ambre et de corail le couchant se colore,
Nous monterons épris d'un rêve éblouissant.

Jusqu'à l'heure où la mort sur nos lèvres hautaines
Arrêtera l'essor des odes en courroux
Et jetant nos débris aux planètes lointaines
Dans l'immortel oubli nous endormira tous.

RÉSIGNATION

RÉSIGNATION

Sur la lyre d'or aux cordes plaintives,
Mes doigts ont usé leur jeune vigueur
Sans pouvoir jamais des notes captives
    Fléchir la rigueur.

Et je n'ai pas ceint le myrthe farouche,
Ni, domptant le rythme ainsi qu'un coursier,
Réglé son allure et meurtri sa bouche
    Sous le frein d'acier.

Lutteur ténébreux, j'ai pleuré des larmes
Que nul clair rayon n'est venu sécher,
Dès les premiers coups j'ai faussé mes armes
    Comme un jeune archer.

Et la Muse en pleurs, la grande Amoureuse
Qui s'unit au chœur immense des Dieux,
A jeté sur moi l'ombre douloureuse
    Des derniers adieux.

Cependant j'avais l'âme d'un poëte ;
Je portais au cœur un désir puissant
Et, pour m'assurer la sainte conquête,
    J'offrais tout mon sang.

Je rêvais la blonde et chaste patrie
Où le doux chanteur aux regards pâlis
Revet dans l'encens et l'idolâtrie
    La splendeur des lys.

Mais j'étais de ceux que, sur cette terre,
Le malheur choisit pour ses chers élus,
Qui portent au front la devise austère :
  « Jamais, jamais plus. »

Aussi maintenant que la neige tombe
Ou que les soleils fleurissent le bleu,
Mon âme est fermée ainsi qu'une tombe,
  Qu'un temple sans dieu.

Dans l'oubli profond de la foule infâme,
Devant l'idéal divin prosterné,
Loin d'un vil troupeau qu'un peu d'or affame,
  Je vis pardonné.

Comme en un cercueil que les hautes herbes
Gardent de l'orage et du vent moqueur,
Dans le souvenir des espoirs superbes
  J'ai scellé mon cœur.

Et ce cœur brisé qui souffre en silence
Est pareil au tien, Mère-des-Douleurs;
Sur le lin rougeâtre autour de la lance
    Il saigne des pleurs.

Des pleurs éperdus qui, par sept blessures,
Coulent dans la nuit désespérément,
Sans qu'aucun baiser mêle à leur morsure
    Son enivrement.

LA RUINE

LA RUINE

A José Maria de Heredia.

Les cloîtres désertés s'emplissent d'herbes folles,
Et les noirs chapiteaux sous leurs enlacements
Murmurent à mi-voix ces plaintives paroles
Que l'on entend, la nuit, dans les vieux monuments.
Ouvrant leurs cœurs profonds comme des girandoles,
Les boutons d'or ravis disent des airs charmants;

Les bleuets enlacés autour des sombres lierres
Entr'ouvrent leurs écrins d'or pâle et de lapis,
Et prennent en riant des poses familières,
Tandis que, soulevant ses beaux yeux assoupis,
L'asphodèle fait voir ses grappes régulières
Et que l'herbe déroule au loin ses verts tapis.

Sous les arceaux déserts que des parfums emplissent
Avec ses gerbes d'or qui tremblent sur les fûts,
Le soleil est entré : des couleuvres se glissent
Harmonieusement sur les débris confus,
Et leurs croupes d'azur de plaisir s'assouplissent
Dans le bain radieux des rayons d'or diffus.

Sur les mares où dort une eau mélancolique,
Où, parmi les bouquets de joncs et de roseau,
Éclate des crapauds la note métallique,
Sous les nénufars blancs arrondis en berceau,
L'astre tombe et, soudain, un iris fantastique
Fleurit plus nuancé que l'aile d'un oiseau.

La ruine s'emplit de chants et de lumières,
Sur les tombeaux sculptés des chevaliers défunts,
Des bouquets de lilas et de roses trémières
Versent joyeusement leurs glorieux parfums ;
Cependant que goûtant les ivresses premières,
Passent des amoureux mêlant leurs cheveux bruns.

La Ruine

Ils sont venus là-bas, par la route charmante
Où fleurit l'œillet rose et la fleur du fraisier,
Où près des clairs ruisseaux croissent des pieds de menthe,
Où la rose amoureuse est toujours au rosier,
Et dans leur cœur chantait leur jeunesse clémente
Rayonnant à travers l'azur extasié.

Et le lieu ténébreux où pleure la chouette,
Ce tombeau du passé maintenant refermé,
Plus triste et plus désert qu'une âme de poète,
S'est, soudain, au soleil, doucement ranimé.
Le sépulcre fleurit plus gai que l'alouette
Et chante le bonheur sous ce beau ciel de mai.

Mon âme est un décombre où le vent et la pluie
Insultent ce qui fût la splendeur d'autrefois,
Un tableau dédaigné que personne n'essuie,
Un instrument fêlé qui cherche en vain sa voix,
Un palais déserté dont les murs noirs de suie
Se souviennent encor d'avoir couvert des rois.

La Ruine

J'élevais dans la nuit des jardins chimériques
Pour cacher à ce monde envieux et moqueur,
Les nymphes, les péris et les anges féeriques
Qui viennent, par instant, s'endormir sur mon cœur.
Mais, hélas! j'ai perdu les ivresses lyriques
Comme un vase brisé d'où tombe la liqueur.

Et le mal est si grand que même ton sourire
Ne redonnera plus à ce cœur ténébreux
Les pâles fleurs des morts où la tombe respire,
Ni, dans les soirs de mai féconds et chaleureux,
Sous un rayon brûlant comme un accord de lyre,
Des groupes enlacés d'éphèbes amoureux.

FUNEREI FLORES

FUNEREI FLORES

Les citroniers frileux penchent leurs feuilles blêmes
Et leurs parfums amers s'exhalent lourds d'ennui
Dans les jardins fleuris de pâles chrysanthèmes,
Pour la dernière fois le bon soleil a lui.

Le glas des trépassés jette ses anathèmes.
Le souvenir s'éveille et reprend aujourd'hui
En sourdine, les vieux, les adorables thèmes
Des avrils disparus et du bonheur enfui.

O morts! mes bien-aimés! vous, les chères idoles
Qui gisez maintenant au fond des nécropoles,
Vous éveillerez-vous en ce jour de douleur?

Avant que l'hiver vienne et que la neige tombe,
Espoir, amour, orgueil déjà mûrs pour la tombe,
Ne me donnerez-vous une suprême fleur?

Saint-Élix-du-Gers, 2 novembre 1878.

AMOUR POSTHUME

AMOUR POSTHUME

Quand les étoiles seront mortes
Et que les anges pleureront,
Lorsque la mort ouvrant les portes
Mettra son ombre sur ton front ;

Quand la terre enlaçant tes hanches
D'un baiser qui ne doit finir,
Puisera ses floraisons blanches
En tes flancs comme un souvenir ;

Lorsque, couchés parmi les herbes
Chaudes des souffles de l'été,
Nous dormirons doux et superbes
Notre sommeil d'éternité;

O sœur que je n'ai pas connue
Qui passas sans lever les yeux,
Ta chair s'étendra blanche et nue
Dans le cercueil mystérieux.

Mais mon désir bravant la tombe
Dans les ardeurs du renouveau
Comme une amoureuse colombe
Descendra sous le froid caveau,

Et, remontant à tire-d'ailes,
Au plus haut des cieux il ira
Chercher tes lèvres immortelles
Où notre amour refleurira.

TABLE

Dédicace.
Préface de M. Théodore de Banville.
Sonnet-Préface. 1

RIMES AMOUREUSES

Sonnet de juin. 5
Aquarelle. 9
Sonnet. 13
Per sæcula. 17
Sonnet. 21

Marmoreum carmen.	25
Bonsoir, Lili (chanson).	29
Épigrammes.	35
Rondeau galant.	39
Intemerata.	43
Psaume d'amour.	49
Métempsychose.	53
Pantoum.	59
Sérénade de Noël.	63
Vers d'album.	69
Romance.	73
A celle qui est flétrie.	77
Ave, Stella!	81
Sonnet.	85
Sonnet.	89
La porte de l'Église.	93
Autumnalia.	99
Requiem d'amour.	103

POÈMES ET BAS-RELIEFS

Sursum corda.	109
Le Bûcher d'Héraklès.	113
Laocoon.	117
Le Chant de Glaucus.	121
Les Amantes.	129

Le Tombeau d'Adonis.	133
Hymne à Aphrodite.	141
Hymne à Dyonisios.	147
Hymne au Sommeil.	153
Leucate.	159
Marie de Magdala.	163
Lundi de Pâques.	167
Midi en Août.	171
Les Noces de Messidor.	175
Nocturne.	181
Aquarelle japonaise.	185
Inrupta virgo.	189
Sonnet pour prier Notre-Dame.	193
Le Cantique du Printemps.	197
Sonnets frileux.	203
I. Octobre.	205
II. Novembre.	207
III. Décembre.	209
Les Citharistes de la rue.	211
Inscription pour un Rython.	217
Sonnet.	221
Sonnet.	225
Sonnet.	229
Sonnet.	231

LES CORDES BRISÉES

Novissima verba.	235
La Chanson des Aigles.	241
Résignation.	249
La Ruine.	255
Funerei Flores	261
Amour posthume.	265

Achevé d'imprimer

le six avril mil huit cent quatre-vingt

PAR CH. UNSINGER

POUR

ALPHONSE LEMERRE, ÉDITEUR

A PARIS

www.ingramcontent.com/pod-product-compliance
Lightning Source LLC
Chambersburg PA
CBHW070541160426
43199CB00014B/2326